BEI GRIN MACHT SICH IHR WISSEN BEZAHLT

- Wir veröffentlichen Ihre Hausarbeit, Bachelor- und Masterarbeit

- Ihr eigenes eBook und Buch - weltweit in allen wichtigen Shops

- Verdienen Sie an jedem Verkauf

Jetzt bei www.GRIN.com hochladen und kostenlos publizieren

Bibliografische Information der Deutschen Nationalbibliothek:

Die Deutsche Bibliothek verzeichnet diese Publikation in der Deutschen National-bibliografie; detaillierte bibliografische Daten sind im Internet über http://dnb.d-nb.de/ abrufbar.

Impressum:

Copyright © 2010 GRIN Verlag, Open Publishing GmbH
Druck und Bindung: Books on Demand GmbH, Norderstedt Germany
ISBN: 9783640630806

Dieses Buch bei GRIN:

http://www.grin.com/de/e-book/151424/muster-intersubjektiver-anerkennung-und-missachtung

Kristina Pfaff

Muster intersubjektiver Anerkennung und Missachtung

GRIN Verlag

GRIN - Your knowledge has value

Der GRIN Verlag publiziert seit 1998 wissenschaftliche Arbeiten von Studenten, Hochschullehrern und anderen Akademikern als eBook und gedrucktes Buch. Die Verlagswebsite www.grin.com ist die ideale Plattform zur Veröffentlichung von Hausarbeiten, Abschlussarbeiten, wissenschaftlichen Aufsätzen, Dissertationen und Fachbüchern.

Inhalt

1   Einleitung 1

2   Anerkennung 2

2.1   Rechtliche Anerkennung 2

2.2   Soziale Wertschätzung 3

3   Missachtung 4

3.1   Praktische Misshandlung 5

3.2   Ausschluss von bestimmten Rechten 5

3.3   Herabstufung bestimmter Lebensweisen und Überzeugungen 6

3.4   Motivation des Kampfes um Anerkennung 6

4   Umverteilung oder Anerkennung? 7

4.1   Kontrastierung der populären Auffassungen von Umverteilung und Anerkennung 8

4.2   Unvereinbarkeit von Anerkennung und Umverteilung? – Ein Gedankenexperiment 9

5   Fazit 10

1 Einleitung

„Die menschliche Lebensform im ganzen ist durch die Tatsache geprägt, daß Individuen nur durch wechselseitige Anerkennung zu sozialer Mitgliedschaft und damit zu einer positiven Selbstbeziehung gelangen."[1] Dieser Satz steht auf der Rückseite des Buches „Kampf um Anerkennung. Zur moralischen Grammatik sozialer Konflikte" von dem Sozialphilosophen Axel Honneth. Doch was meint dieser Satz? Spielt Anerkennung wirklich die zentrale Rolle für das Miteinander der Menschen? Und was, wenn Anerkennung verweigert wird? Das sind nur einige Fragen, auf die Honneth in seinem Buch eine Antwort zu geben versucht.

Diese Referatsausarbeitung beschäftigt sich im zweiten Punkt mit der Frage, welche Muster der zwischenmenschlichen Anerkennung es gibt und was sie ausmacht. Der Aspekt der Liebe bleibt aufgrund des begrenzten Umfangs dieser Arbeit unberücksichtigt.

Als jeweiliges Pendant werden in Punkt drei auch die jeweiligen Muster der Missachtung erläutert. Bei diesen beiden Teilaspekten der Arbeit ist auch besonders wichtig, was für psychische und emotionale Folgen die Anerkennung oder die Missachtung haben.

Im vierten Teil gehe ich auf einen Text von Nancy Fraser ein, indem sie Axel Honneth in seiner Argumentation widerspricht und dieses darstellt. Es geht dabei um die Frage, ob tatsächlich Anerkennung allein reicht, um die Lage benachteiligter und diskriminierter Gruppen einer Gesellschaft zu verbessern. Fraser vertritt die Meinung, dass es bestimmte benachteiligte Gruppen gibt, deren Lage nur mit ökonomischer Umverteilung UND sozialer Anerkennung verbessert werden kann.

Ein abschließendes Fazit fasst die Ergebnisse kurz zusammen und beinhaltet vor dem Hintergrund der bisherigen Arbeit eine persönliche Wertung.

---

[1] Honneth, Axel: Kampf und Anerkennung. Zur moralischen Grammatik sozialer Konflikte, Frankfurt/Main 1994.

2 Anerkennung

Der Sozialforscher und -Philosoph Axel Honneth analysierte in seinem Werk „Kampf um Anerkennung" die Struktur sozialer Anerkennungsverhältnisse. Dazu kategorisierte er drei mögliche Muster der intersubjektiven Anerkennung: Die Liebe, das Recht und die Solidarität. In dieser Arbeit werden vor allem die letzen beiden Aspekte näher betrachtet, da diese verstärkt den politischen und gesellschaftlichen Bereich des Zusammenlebens betreffen. Weshalb ist Anerkennung so wichtig und welche Wirkung hat sie auf den Menschen, der diese erfährt? Honneth versucht auf diese Fragen eine Antwort zu geben.

2.1 Rechtliche Anerkennung

Als ein Muster zwischenmenschlicher Anerkennung nennt Honneth die rechtliche Anerkennung. Sie ermöglicht dem Menschen eine positive Selbstbeziehung, da das Zugeständnis von universellen Grundrechten, die allen Menschen egalitär eingeräumt werden, diesen als zurechnungsfähig auszeichnet. Die Person kann Verantwortung nicht nur für sich selbst, sondern auch für die Gesellschaft übernehmen. Außerdem wird ihr die Fähigkeit zur Urteilsbildung zugesprochen. Diese Anerkennung durch andere ermöglicht es ihr, sich selbst als positiv und wertvoll wahrzunehmen und das Selbstwertgefühl zu stärken.[2]

Um zu beschreiben, weshalb diese Rechte unbedingt institutionell verbürgt sein müssen, führt Honneth ein Gedankenexperiment von Joel Feinberg an. Es beginnt mit der Fiktion, in einer Gesellschaft herrsche hohe soziale Wertschätzung und Wohltätigkeit, wobei es dann keine institutionell verbürgten Rechte gäbe. Obwohl das Wohlergehen der Menschen dann genauso hoch sein müsste, wie in Gesellschaften, in denen es Grundrechte gibt, fehlt etwas: Die Menschen können nicht in dem Maße Selbstachtung ausbilden oder gar Ansprüche auf Anerkennung erheben. Die menschliche Würde, die positive Selbstbeziehung und die Gleichheit vor dem Gesetz würden fehlen.[3]

Dies sei der Grund, so Honneth, weshalb Rechte institutionell und öffentlich verbürgt sein sollten. Jeder Mensch muss sich auf sie beziehen können und dadurch

---

[2] Vgl. Ebd., S.191-193.
[3] Vgl. Ebd., S.193-194.

die Achtung der anderen Gesellschaftsmitglieder und die Achtung sich selbst gegenüber genießen.[4]

2.2 Soziale Wertschätzung

Neben der Liebe und der rechtlichen Anerkennung ist die soziale Wertschätzung – Honneth gebraucht auch den Begriff der Solidarität – das dritte Muster intersubjektiver Anerkennung. Eine wichtige Voraussetzung dafür ist ein zwischenmenschlich festgelegter Werthorizont, an dem sich die Beteiligten orientieren können. Es muss ihnen möglich sein, die eigenen Fähigkeiten und die der anderen an festgelegten Zielvorgaben zu bewerten. Diejenigen Eigenschaften, die das Individuum von anderen Mitgliedern der Gemeinschaft unterscheiden, werden einer Bewertung unterzogen. Wie diese ausfällt, hängt von dem „Orientierungsrahmen"[5] ab, der die intersubjektiv festgelegten Normen und Werte beinhaltet. Das sei das „kulturelle Selbstverständnis einer Gesellschaft"[6]. Kulturelle Leistungen und Fähigkeiten werden also danach bewertet, inwieweit sie dazu beitragen, dass die gesellschaftlichen Zielvorgaben erreicht werden.[7]

Honneth weißt auf den historischen Wandel dieses Begriffes hin, indem er darstellt, was soziale Wertschätzung in einer ständisch gegliederten Gesellschaft bedeutet. In dieser Gesellschaft sei es wichtig, dass Verhaltenserwartungen erfüllt werden. „Ehre" kann erlangen, wer seine Lebensführung dem jeweiligen Stand anpasst. Diese „Statusgruppen"[8] sind hierarchisch gegliedert und eine Bewertung bemisst sich danach, in welchem Stand eine Person ist. Innerhalb dieses Standes ist die Wertschätzung symmetrisch, nach außen asymmetrisch. [9]

Mit der Auflösung der Stände und der ihr zugrunde liegenden Werthierarchien entwickelte sich eine stärkere Individualisierung der Wertschätzung. Die Unterschiede zwischen den Fähigkeiten und Leistungen der Gesellschaftsmitglieder sind nicht mehr für eine bestimmte Gruppe definiert. Stattdessen rücken die individuellen Fähigkeiten des Einzelnen in den Vordergrund. Das führt jedoch auch zu einer stärkeren Durchlässigkeit des Werterahmens, der abstrakter definiert werden kann und deshalb einen immer größeren Interpretationsspielraum lässt.[10]

---

[4] Vgl. Ebd., S.194-195.

[5] Ebd., S. 197.

[6] Ebd., S. 198.

[7] Vgl. Ebd., S.198.

[8] Ebd., S.199.

[9] Vgl. Ebd., S.199-201.

[10] Vgl. Ebd., S.202 -204.

Aus dieser Entwicklung leitet Honneth ein Konfliktpotenzial ab: Dadurch, dass nicht genau festgelegt ist, welche Leistungen und Fähigkeiten in der Gesellschaft als wertvoll angesehen werden, konkurrieren unterschiedliche Gruppen um soziale Wertschätzung. Es entsteht ein Kampf um Anerkennung. Gewinner sind diejenigen, die es schaffen, ihre eigenen Anschauungen als wichtig für die Gesellschaft darzustellen und öffentliche Aufmerksamkeit zu erlangen. Anders als Nancy Fraser ist Honneth der Meinung, dass auch ökonomische Auseinandersetzungen letztlich Teil des Kampfes um Anerkennung seien.[11]

Diese Wertschätzung, sowohl in ständischen als auch in modernen Gesellschaften nennt er Solidarität. In einer von Statusgruppen geprägten Gemeinschaft sind die Mitglieder dieser Gruppen solidarisch zueinander, weil sie sich symmetrisch schätzen und Anteil am Leben der anderen nehmen. In der individualisierten Gesellschaft ist es eher der positive Selbstbezug, das „Selbstwertgefühl", das Solidarität mit anderen hervorruft. Diese symmetrische Wertschätzung zu anderen Gesellschaftsmitgliedern nennt Honneth den „posttraditionalen Zustand gesellschaftlicher Solidarität"[12].

Erst die soziale Wertschätzung ermöglicht ein Zusammenleben, das frei ist von Erfahrungen der Missachtung.[13]

3   Missachtung

Doch welche Folgen hat es, wenn Anerkennung nicht gewährt sondern verweigert wird?

Honneth beschreibt Missachtung als schädigend, da die „Personen in einem positiven Verständnis ihrer selbst verletzt werden."[14] Die notwendige Rückversicherung durch Andere bleibt aus und verletzt dadurch die Selbstachtung und die Identität des Menschen.

Entsprechend der drei Ebenen der Anerkennung formuliert Honneth das Komplement: drei Abstufungen von psychischer Gewalt, die sich daran bemessen, wie sehr sie die Selbstbeziehung eines Menschen erschüttern können.[15]

---

[11] Vgl. Ebd., S. 205-206.
[12] Ebd., S. 209.
[13] Vgl. Ebd., S. 210.
[14] Ebd., S. 212.
[15] Vgl. Ebd., S. 213.

3.1 Praktische Misshandlung

Nach Honneth ist mit praktischer Misshandlung das Komplement der Anerkennungsform der Wertschätzung gemeint. Sie ist die grundlegendste Art von Erniedrigung. Durch Folter und Vergewaltigung wird nicht nur der Körper verletzt, vor allem für die Psyche eines Menschen hat das gravierende Folgen: Neben dem „Weltvertrauen"[16] wird auch die positive Selbstbeziehung, also „das Vertrauen in sich selber"[17] grundlegend beschädigt oder gar ganz zerstört, da dem Menschen die Gewalt über seinen eigenen Körper entzogen wird. Scham und das Gefühl von Minderwertigkeit sind die Folge.[18]

Anders als die anderen Abstufungsformen der Missachtung unterliegt die physische Misshandlung keinem historischen Wandel, der ihre Bedeutung oder Intensität verändert.[19]

3.2 Ausschluss von bestimmten Rechten

Auf dieser Ebene der Missachtung werden einem Menschen oder einer Gruppe systematisch Rechte vorenthalten, die dem Rest der Gemeinschaft gewährt werden. Als Ergänzung der rechtlichen Anerkennung hat der Ausschluss von Rechten zur Folge, dass die Zurechnungsfähigkeit der Person als gleichberechtigtes Mitglied der Gesellschaft nicht anerkannt wird. Für die Selbstachtung einer Person bedeutet das, dass er sich nicht als gleichwertiger „Interaktionspartner" verstehen kann und sich deshalb minderwertig fühlt.[20]

Diese Ebene ist deshalb historisch variabel, da sich zum einen der Umfang der institutionellen Rechte aber auch der Grad der Inklusion dieser Rechte sich im Laufe der Geschichte verändert haben und diese Veränderung Einfluss nimmt auf das subjektive Empfinden dieser Missachtung.[21]

---

[16] Ebd., S.214.

[17] Ebd., S.215.

[18] Vgl. Ebd., S.214.

[19] Vgl. Ebd., S.215.

[20] Vgl. Ebd., S.216.

[21] Vgl. Ebd., S.216.

3.3 Herabstufung bestimmter Lebensweisen und Überzeugungen

Diese dritte Form der Missachtung beinhaltet die öffentliche Entwertung bestimmter Verhaltensmuster und Arten der Selbstverwirklichung. Die individuellen Fähigkeiten der betroffenen Menschen werden nicht anerkannt und herabgewürdigt. Diese Form der Missachtung steht der sozialen Wertschätzung gegenüber und hat zur Folge, dass derjenige, dessen Fähigkeiten abgestuft werden, sich nicht als sinn- und wertvoll für die Gesellschaft ansehen kann und dadurch seine Selbstschätzung verliert.[22]

Auch bei dieser Form der Missachtung hat sich ein historischer Wandel vollzogen, da erst die Individualisierung der Gesellschaft dazu geführt hat, dass Menschen diese Entwertung bestimmter Fähigkeiten auf sich selbst und nicht auf „Kollektivgemeinschaften"[23] beziehen.

3.4 Motivation des Kampfes um Anerkennung

Die Arten der Missachtung wurden in den oberen Teilkapiteln dargestellt. Doch wieso führen diese emotionalen Verletzungen dazu, dass sich Menschen in Aktion begeben und die Bedingungen verändern wollen? Wieso führen sie zu einem Kampf um Anerkennung?

Um diese Fragen beantworten zu können, vergleicht Honneth diese Verletzungen mit physischen Erkrankungen. So wie körperliche Krankheiten sich in Symptomen äußern, führen psychische Verletzungen zu „negativen Gefühlsreaktionen"[24], die dann die Motivation für einen Kampf um Anerkennung darstellen.[25]

In Bezug auf John Dewey geht Honneth davon aus, dass vor allem Erwartungen und „Handlungsabsichten"[26], die erfüllt oder nicht erfüllt werden, menschliche Affekte steuern und Einfluss auf die Gefühle nehmen.[27]

Vor allem die Scham, die aus der Verletzung moralischer Normen entsteht, kann ein Motiv für den Kampf um Anerkennung sein, weil sie das eigene Selbstwertgefühl senkt und zu einer Demütigung führt. Sie veranlasst dann zu aktivem

---

[22] Vgl. Ebd., S.217.

[23] Ebd., S. 217.

[24] Ebd., S.219.

[25] Vgl. Ebd., S.219.

[26] Ebd., S.221.

[27] Vgl. Ebd., S.221.

Handeln, –so stellt Honneth heraus- wenn die „politisch-kulturelle Umwelt"[28] dies auch zulässt und die nötigen Artikulationsmittel bestehen.[29]

4 Umverteilung oder Anerkennung?

Der dritte Text von der US-Amerikanerin und Feministin Nancy Fraser beschäftigt sich damit, was genau die beiden Paradigmen der Umverteilung und der Anerkennung ausmacht und ob sie sich gegenseitig ausschließen müssen. Beide Paradigmen stehen für unterschiedliche Ansprüche, die im öffentlichen Raum erhoben werden. Während die Umverteilung aus der liberalen Tradition kommt und in erster Linie die Verteilungskonzeption sozioökonomischer Ressourcen beinhaltet, steht Anerkennung für die gegenseitige Beziehung zwischen Menschen, die von Hegels Philosophie geprägt ist.[30]

Gleich zu Beginn des Textes stellt Fraser ihre Absicht heraus: Sie möchte zeigen, dass Umverteilung und Anerkennung keine sich ausschließenden Alternativen sind, obwohl sie aus unterschiedlichen philosophischen Richtungen kommen und von den Anhängern der jeweils anderen Theorie kritisiert worden sind. Fraser verweist darauf, dass beide Paradigmen unterschiedliche Auffassungen von Gerechtigkeit darstellen und deshalb als antithetisch angesehen werden.[31]

Einen Grund für den vermeintlichen Gegensatz zwischen Anerkennung und Umverteilung sieht Fraser darin, dass die Vorstellung besteht, bei der Umverteilung seien vor allem ökonomische Klassen die Hauptakteure während es bei der Anerkennung um Sexualität, gender und Rasse geht. Dass es auch im Klassenkampf um Anerkennung geht und geschlechtsspezifische Fragen häufig mit Umverteilung ökonomischer Ressourcen beantwortet werden, bleibt dabei ausgeblendet.[32]

Um das zu verdeutlichen, stellt Fraser anhand von vier Kategorien die populären Auffassungen von Umverteilung und Anerkennung gegenüber. In einem nächsten Schritt macht sie deutlich, warum eine Verknüpfung beider Konzepte trotzdem möglich und auch nötig ist.

---

[28] Ebd., S.224.

[29] Vgl. Ebd., S. 222-225.

[30] Vgl. Fraser, Nancy: Umverteilung oder Anerkennung? Eine Kritik der verkürzten Gerechtigkeit. In: Fraser, Nancy/ Honneth, Axel: Umverteilung oder Anerkennung? Eine politisch-philosophische Kontroverse, Frankfurt/Main 2003, S.19.

[31] Vgl. Ebd., S. 20-21.

[32] Vgl. Ebd., S.21.

4.1 Kontrastierung der populären Auffassungen von Umverteilung und Anerkennung

Fraser beginnt mit der Kategorie der Gerechtigkeitskonzeption. Während bei der populären Umverteilungstheorie die strukturell ungerechte Verteilung sozioökonomischer Ressourcen den aufzulösenden Konflikt darstellt, wird Ungerechtigkeit in der Anerkennungstheorie von allem im kulturellen Bereich gesehen. Ihre Verankerung liegt vor allem in den „gesellschaftlich dominanten Repräsentations-, Interpretations- und Kommunikationsmustern."[33]

Zweitens legen beide Konzepte unterschiedliche Lösungsvorschläge für die Auflösung dieser Ungerechtigkeit zugrunde. Bei der populären Auffassung von Umverteilung könnte Gerechtigkeit dadurch hergestellt werden, dass Einkommen und Vermögen umstrukturiert werden. Ein mögliches Beispiel ist innerbetriebliche Demokratisierung. Die Auflösung der Ungerechtigkeit hat in der populären Anerkennungstheorie eher symbolischen und kulturellen Charakter. Im Zentrum steht hier die Neubewertung kultureller Leistungen und Identitätsentwürfe.[34]

Die dritte Kategorie sind die unterschiedlichen Subjekte, die von der Ungerechtigkeit betroffen sind. Vor allem Klassen oder klassenähnliche Gruppen sind im Falle der Umverteilung die von der Ungerechtigkeit Betroffenen. Sie zeichnen sich durch eine bestimmte Stellung zum Markt und zur Wirtschaft aus. Zu nennende Beispiele wären die klassische „Arbeiterklasse", aber auch Menschen, die zur „Unterklasse" gehören oder Frauen. In der Anerkennungstheorie sind die betroffenen Gruppen gekennzeichnet durch ihre „Beziehung der Anerkennung"[35]. Sie genießen weniger Respekt und Ansehen und unterschieden sich dadurch von dem Rest der Gesellschaft. Dazu gehören ethnisch, sexuell oder rassisch definierte Gruppen, die als minderwertig angesehen werden.[36]

Ein weiterer Kontrast besteht darin, wie in den jeweiligen Konzepten mit Gruppendifferenzen umgegangen wird. Für die Umverteilung bedeutet das die Aufhebung und Ablehnung aller Gruppendifferenzen, um gerechte wirtschaftliche Verhältnisse zu schaffen. Im Falle der Anerkennung gibt es zwei Strömungen, die eine jeweils andere Umgehensweise vertreten. Während der ersten Gruppe daran gelegen ist, Gruppendifferenzen neu zu deuten und zu bewerten, sie aber

---

[33] Ebd., S.22-23.
[34] Vgl. Ebd., S.23-24.
[35] Ebd., S.25.
[36] Vgl. Ebd., S.24-26.

trotzdem als wichtigen Aspekt beizubehalten, sieht die zweite Gruppe eine De-
konstruktion der Begriffe vor, an denen Differenzen definiert werden.[37]

4.2 Unvereinbarkeit von Anerkennung und Umverteilung? – Ein Gedankenexperiment

Lassen sich diese starken Gegensätze zwischen Anerkennung und Umverteilung
vereinbaren? Gibt es Gruppen, die Lösungsmodelle aus beiden Theorien
brauchen, um ihre Situation zu verbessern?

Dass in den meisten Fällen nicht die eine oder andere Theorie die „ange-
messene" ist, zeigt Fraser in einem Gedankenexperiment.

Sie stellt diese beiden Extreme in ihrer „reinsten" Ausprägung gegenüber, um
herauszufinden, welche Auswirkungen ein Abweichen in die eine oder andere
Richtung von diesen Extremen hätte.

Sie beginnt auf der einen Seite mit dem Marxismus, der idealtypisch für die Umverteilungstheorie ist. Lediglich durch eine Neustrukturierung und -verteilung der
Produktionsmittel sei es möglich, die Ungerechtigkeiten aufzuheben und die Arbeiterklasse aufzulösen. Zwar leidet diese auch an fehlender Anerkennung, diese
sei aber dadurch bedingt, dass die Ökonomie eine Ausbeutung und somit Missachtung erst zulasse. Durch die Umstrukturierung der Ökonomie löse sich dieses
Problem von selbst.[38]

Der andere Extrempol ist die Anerkennungstheorie, ein Idealtypus wäre dafür die
Ausgrenzung von Homosexuellen innerhalb einer Gesellschaft. Sie findet deshalb statt, weil die kulturellen Normen in erster Linie von Heterosexuellen geprägt
und festgelegt worden sind, während Homosexualität verachtet und öffentlich
diskreditiert wird. Zwar sind Schwule und Lesben auch ökonomisch benachteiligt,
diese Benachteiligung liegt aber in den kulturellen Wertmustern der Gesellschaft
verankert und könnte durch eine Umbewertung der Lebensideale von Homosexuellen aufgehoben werden. Hier kann lediglich mehr Anerkennung den miss-
achteten Menschen helfen.[39]

Bis hierhin ist alles sehr eindeutig. Doch was passiert, wenn benachteiligte ge-
sellschaftliche Gruppen keiner der beiden Extreme zugeordnet werden können?
Wenn sie irgendwo in der Mitte liegen? Eine dieser „hybride[n] Kategorie[n]"[40] ist

---

[37] Vgl. Ebd., S.26-27.
[38] Vgl. Ebd., S.28-29.
[39] Vgl. Ebd., S.29-31.
[40] Ebd., S.32.

das gender, also das soziale Geschlecht. Dadurch, dass die Arbeit von Frauen sich immer noch in erster Linie auf unbezahlte Hausarbeit oder auf niedrig-qualifizierte und –bezahlte Berufe beschränkt, sind sie struktureller, ökono-mischer Ungerechtigkeit ausgesetzt und haben den Status einer Klasse. Durch eine Umgestaltung der Ökonomie könnten diese Ungerechtigkeiten behoben werden.[41]

Auf der anderen Seite ist gender aber auch kulturell in „Status-Unterschieden"[42] verankert. Frauen werden mit Stereotypen, Abwertungen und Missachtungen konfrontiert, die in den Interpretationsmustern der Gesellschaft fest verankert sind. Frauen oder feminisierten, schwachen Gruppen wird die Anerkennung ver-weigert, die andere Teile der Gesellschaft ganz selbstverständlich genießen. Ihre kulturelle Leistung wird geringer bewertet als die anderer, hierarchisch höher gestellter Gruppen.[43]

Anhand dieses Beispiels wird deutlich, dass eine unumstößliche Unterscheidung in „entweder-oder" nicht möglich ist. Neben einer Gesellschaft der Klassen oder Statusgruppen gibt es viele Ungerechtigkeiten, die nur überwunden werden kön-nen, wenn Lösungsmuster der Anerkennung und der Umverteilung angewendet und vereint werden. [44]

Darin widerspricht Fraser Honneth, der davon ausgeht, dass die Anerkennung der Gesellschaft es einem Individuum ermöglicht, sich selbst als freien, gleich-wertigen und wertvollen Menschen anzusehen.

5 Fazit

Anerkennung, so Axel Honneth, befähigt den Menschen zu einer positiven Selbstbeziehung und dadurch erst zu einem freien und selbstbestimmtem Leben. Eine Gesellschaft, in der soziale und rechtliche Anerkennung allen Menschen zugänglich ist, ermöglicht ein Zusammenleben ohne emotionale Verletzungen, die durch Missachtung und Diskriminierung entstehen.

Nancy Fraser hingegen ist der Meinung, dass Anerkennung allein bestimmten benachteiligten Gruppen nicht weiterhilft. Die hybride Kategorie des gender z.B. müsste sowohl gesteigertes Ansehen als auch wirtschaftliche Umverteilung er-

---

[41] Vgl. Ebd., S.32-33.
[42] Ebd., S.33.
[43] Vgl. Ebd., S.33-34.
[44] Vgl. Ebd., S. 34-35.

reichen, um ihre Situation tatsächlich zu verbessern. Sie stellt dar, dass Anerkennung und Umverteilung sich nicht gegenseitig ausschließen müssen, wie es in der populären Anschauung dieser beiden Theorien häufig der Fall ist. Was in der Argumentation Honneths unberücksichtigt bleibt, ist die Variable der Machtstrukturen, die in der Gesellschaft wirken. Häufig sind es einige wenige, die die kulturellen, wirtschaftlichen und zwischenmenschlichen Normen und Regeln prägen, so dass der Mensch in seiner Anerkennung eingeschränkt wird, ohne dass er das aktiv als Missachtung erlebt. Vielmehr sieht es das als Privilegierung einiger weniger. Der Kampf um Anerkennung kann unter diesem Aspekt gar nicht angeschoben geschweige denn gewonnen werden. Sich selbst reproduzierende Eliten entscheiden, wem Anerkennung gebührt und wer sie nicht verdient hat.

Ganz ähnlich kritisiert Nancy Fraser Honneth, indem sie sagt, dass häufig auch Umverteilung nötig ist, um Benachteiligten zu helfen. Dabei beschränkt sie sich auf ökonomische Umverteilung. Meiner Meinung wäre es realer, auch von einer Umverteilung von Macht zu sprechen. Die Verteilung von politischer, ökonomischer, kultureller und wissenschaftlicher Macht durch z.B. eine stärkere Demokratisierung dieser Prozesse würde benachteiligten Gruppen – genauso wie Ressourcenverteilung und Anerkennung – helfen, ihre Lage zu verbessern.